AF454979

LA GRANDE BLONDE

DU MÊME AUTEUR

Les faux dieux, drame en 5 actes.
Les Amants de Ferrare, drame en 5 actes.
Pascal Fargeau, drame en 1 acte.
Caïn, drame en 5 actes.
Le juge d'instruction, drame en 5 actes.
Esther à St-Cyr, comédie en 1 acte, en vers.
L'ogre, drame en 5 actes.
Un soir d'orage, opéra-comique en 1 acte, musique d'Olivier Métra.
Demoiselle perdue ! comédie en 1 acte.
En duel ! monologue.

Contes sur la branche, 1 vol. illustré par E. Mas.
Casse-Noisette, 1 volume,
Théâtre des Dames, 1 volume.
Histoire de Marlborough, illustré par Caran d'Ache.
Histoire d'un bonnet à poil. illustré par Job.
Le grand Napoléon des petits enfants, illustré par Job.
L'année dans un fauteuil.

Memorandum du Siège de Paris, avec cartes.
L'Œuvre de Moisselles.
Le Jargon de François Villon.

JULES DE MARTHOLD

La Grande Blonde

DRAME EN 1 ACTE, EN PROSE

donné pour la première fois en représentation privée

le 8 Juin 1894

AU CONCERT LISBONNE

PARIS

BIBLIOTHÈQUE DE LA PLUME

31, rue Bonaparte, 31

1894

A Jeanne Aubry

A la Fille ton cœur, de pur idéal ivre,
A su donner une âme empreinte de ton sceau ;
Et ton art, simple et noble, a devant tous fait vivre
La Sainte Madeleine auguste du ruisseau.

J. de M.

PERSONNAGES

EUGÈNE	M. DELPIERRE.
MARIE	Mme JEANNE AUBRY.
1er AGENT	DELPHIN.
2me AGENT	DUVAL.
UN MONSIEUR...	COTTY.
UN PASSANT	CHARLEY.

LA GRANDE BLONDE

Biaisant en s'élargissant de gauche à droite, un côté des maisons d'une rue avec le trottoir — Vers la droite, un bec de gaz, allumé, à la gauche duquel une porte basse ouvrant sur un couloir sombre — Au-dessus de la boutique fermée d'une Boulangerie, fenêtre éclairée par une lampe et dont les rideaux blancs ouverts sont retenus par des embrasses roses. — Tout est couvert de neige. — La nuit. (Décor de CORNIL.)

SCÈNE I

Après un temps, un VIEUX MONSIEUR crêpe au chapeau, sort de la maison. Il reste un instant sous la porte, regardant s'il n'est pas vu, puis il sort vivement, fait un pas vers le gaz et, sa montre consultée, se dirige à droite. Il glisse mais se maintient :

Comme on glisse, dans la vie ! (Il sort à droite.)

SCÈNE II

DEUX GARDIENS DE LA PAIX

venant de gauche, à leur pas accoutumé, causant.

1er AGENT

Vous avez dû le connaître.

2e AGENT

Parbleu, si je l'ai connu, Padovani, un petit brun, rageur ; nous avons été ensemble au XIVe, à la Tombe-Issoire.

1er AGENT

C'en est un qui a eu de la chance, on peut le dire.

2e AGENT

Il lui est arrivé une histoire... ?

1er AGENT

Toutes sortes d'histoires. Il n'était pas marié...

2e AGENT

Tiens, c'est drôle.

1er AGENT

Il vivait avec une femme.

2e AGENT

Qui s'est fait arrêter ?

1er AGENT

On a su la chose, et dam... !

2e AGENT

Mais elle a été acquittée.

1er AGENT

Acquittée, acquittée, possible, mais on n'est jamais acquitté pour rien.

2e AGENT

C'est juste.

1er AGENT

Un autre aurait été cassé. Lui !

2e AGENT

Quels débrouillards, ces corses !

SCÈNE III

LES MÊMES — MARIE

MARIE, à sa fenêtre, aux agents, aimable. En train de faire le tour de l'îlot ?

2e AGENT

Tiens, la grande blonde.

1er AGENT

Bonsoir.

2e AGENT

Ça va-t-il comme vous voulez ?

MARIE

Ne m'en parlez pas ! De ce temps-ci, ils sont tous gelés.

1er AGENT

Bonsoir.

MARIE

Bonsoir Messieurs. (Elle referme.)

2e AGENT

Dur métier tout de même.

1er AGENT

Ah ! dam ! tout n'est pas rose !

2e AGENT, au 1er.

Alors vous disiez... ?

1er AGENT

Je disais... ? Ah !... Ce satané Padovani...

(Ils disparaissent à droite.)

SCÈNE IV

MARIE, dans la rue, les regardant s'éloigner.

Quels veinards, ceux-là. De la braise tous les mois, des bottes qui prennent pas l'eau, et c'est eux qui vous fourrent dedans. Enfin, tout le monde ne peut pas être heureux, faut croire. (frissonnant) Cristi ! Qu'il fait froid ! — Heureusement, c'est mercredi et le mercredi, j'ai mon veuf — cent sous ; il n'y en a pas assez de comme ça ! — Personne. C'est la fin du mois, ces jours-ci. (Elle commence à arpenter) Brrr ! (chantonnant) *A la glacière... !* (s'arrêtant, pensive) Il y en a qui sont chez elles, avec des grands feux, avec des choses à boire, des robes de chambre, des édredons, et tout, et tout, et tout, quoi ! — Ah ! j'ai pas eu de chance ! J'ai pourtant fait ce que font les autres... J'ai essayé de rester honnête, d'abord ; j'ai pas pu. Et après..., ça ne m'a pas réussi non plus. Ah ! il y a des sorts pour le monde ! Et puis je suis de Paris, c'est jamais bon. (Regardant à droite) Un type... qui vient par ici. (Elle fait un pas et s'arrête) Je t'en souhaite ! Il prend l'autre rue ! — Quelle dèche, mon empereur ! Et voilà décembre. — Vraiment, on a beau faire, il n'y a pas moyen d'y arriver. Pas faute d'ordre, pourtant, ni d'économie ; je suis à un sou près ! On a tant de frais ! Deux francs cinquante à cracher tous les jours au maître logeur. Ces proprios, c'est des seigneurs ! Et avec celui-là, suffit pas de payer, faut encore qu'on soye aimable ; de temps en temps, quand ça lui prend. Enfin, c'est un rigolo, il n'y a rien à dire. Mais que si Eugène se doutait de la chose... ! — Et puis j'ai la lampe, et puis le linge, et puis la chaussure. Et puis becqueter. Le matin, moi, je ne sais pas à quoi ça tient, j'ai toujours une faim... ! et le soir, il faut tout de même bien manger quelque chose, si peu que ce soit ; sans ça on n'y tiendrait pas. Et puis j'ai Eugène, qui me coûte, comme de juste. Mon petit Eugène, c'est bien tout ce qu'on voudra, cette potence-là, mais il est si gentil. Aussi, dam... ! Il a une voix ! Il chante comme un ange ! (chantonnant) *Dans les sentiers remplis d'ivresse...* Quand j'entends ça ! Ah ! — C'est celui-là qui en est un, de rigolo ! — Il l'est bien trop. Elles lui courent toutes après ! Je lui donne pourtant ce qu'il lui faut. Quelles pratiques, tout de même, ces hommes ! Est-ce que je le trompe, moi !

SCÈNE V

MARIE — UN PASSANT

Marie se trouve à gauche quand il entre, jeune, bien mis, cigare aux dents, les mains dans les poches avec sa canne dans celle de droite. Elle le côtoie, lui murmurant des paroles inintelligibles. Arrivés à droite, presqu'à l'instant de sortir de scène :

LE PASSANT

Mais non, mais non, ma fille ; pas ce soir, je sors d'en prendre (Il la distance et sort à droite.)

SCÈNE VI

MARIE toute à son idée

Tandis que lui... m'en fait de toutes les couleurs ! — Quand je pense que je ne l'ai pas vu de la journée ! Où est-il encore allé... ? Sûrement, depuis quelques temps, il a de mauvaises fréquentations, avec du monde pas comme il faut. J'ai su des choses..., que si on les savait ! Une affaire de bijoux, paraît... Pour une picarde ! qui a des taches de rousseur ! Une traînée, une roulure ; rien du tout ! Mais voilà, elle a seize ans, qu'on m'a dit ! Seize ans ! Malheur ! Les femmes, faudrait que ça reste jeune tout le temps ! Si on pouvait économiser l'âge ! (après un temps) Il y en a qui sont au moins heureux quand ils sont petits, moi !... Maman me bourrait à cause de mes grands cheveux et de mes grands yeux, et les fois où papa rentrait saoûl, il tapait sur elle et sur moi. Pas méchant, pourtant, mais les hommes, faut toujours que ça cogne, paraît.

Pauvre femme, tout de même ! — Un jour, qu'ils étaient bien ensemble, ils sont descendus tous les deux ; je ne les ai jamais revus... — Alors.. ! Je savais rien faire.. D'abord, les hommes, ça me faisait peur; maintenant, ça m'ennuie. Seulement, pour vivre, quand on n'a pas d'état, faut bien. — Mais qu'est-ce que fait Eugène ! Ils ne l'ont pas vu où nous mangeons, ni chez le père Loucherac, ni nulle part où nous allons — Il est avec sa picarde de malheur, je suis sûre ! Faudrait pas que je les trouve ensemble ! — Et je te vas lui faire une musique...! C'est vrai, je suis là à m'esquinter le tempérament, et lui... ! — Qu'il ne travaille pas, je comprends ça, quoique pourtant, s'il voulait... Il est si adroit. Faut le voir au billard, il roule tout le monde ! Il sait tout faire. Et si intelligent. Enfin ça ne lui dit pas, à ce garçon, c'est un cœur de flanelle, bien ; mais alors, qu'il ne soye qu'avec moi. — Des fois, quand il dort, il me prend des envies de l'estrangouiller... et puis je le réveille à force de l'embrasser, mon petit homme chéri. — Et je finis toujours par faire tout comme il veut. Il le sait bien. — Dam, si on n'aimait pas quelqu'un, pour quoi que ça serait qu'on vivrait ? — Ah ! le voilà !

SCÈNE VII

MARIE — EUGÈNE

MARIE

Enfin ! Monsieur, qui s'amène.

EUGÈNE

Ça te gène ?

MARIE

Est.ce que je dis ça ? (Tendant la joue qu'il embrasse avec indifférence) Seulement...

EUGÈNE

De quoi ?

MARIE

Tu arrives à des heures...

EUGÈNE

J'arrive quand je peux.

MARIE *doux reproche*

Pourquoi que tu arrives si tard ?

EUGÈNE

J'arrive quand je veux.

MARIE

Qu'est-ce que tu as pu faire, depuis ce matin ?

EUGÈNE

J'ai fait mes affaires.

MARIE

T'en a pas.

EUGÈNE

Savoir. Ça me regarde.

MARIE

Toute la journée ?

EUGÈNE

Ça va recommencer, l'inquisition ? J'aime pas qu'on me questionne, tu sais.

MARIE

Quand tu n'es pas là, je suis pas tranquille.

EUGÈNE

De quoi que t'as peur ? Ne te chagrine donc pas pour les autres.

MARIE

Je t'ai cherché partout, j'en peux plus !

EUGÈNE

C'est ça ! Avoir soin de me demander à tout le monde pour que tout le monde sache où je vais et où je ne vais pas. Comme c'est malin !

MARIE

Ne te fâche pas, gros chéri.

EUGÈNE

Je ne me fâche pas, seulement...

MARIE

A quoi que tu penses ?

EUGÈNE

Moi, je... A rien.

MARIE riant

Ecoute, mon pauvre Eugène, tu n'es pas hypocrite, tu ne sais pas mentir ; quand quelque chose te chiffonne, ce que ça se voit sur ta figure... — Qu'est-ce que tu as, là, à piétiner ?

EUGÈNE

Cette farce ! Je piétine... parce qu'on se gèle à faire la vague.

MARIE

Ah ! le fait est...! Eh ! bien, rentrons, viens.

EUGÈNE

Minute, minute.

MARIE

Eugène...

EUGÈNE

Ah ! il n'y a pas d'Eugène ! Je ne suis pas venu ici pour rien. Il me faut de l'argent, il me faut cent sous.

MARIE

Tu n'en as pas besoin ce soir.

EUGÈNE

Si. Tu n'es pas bien informée, ma fille ; ta police est mal faite.

MARIE

Tu ne vas pas rester...?

EUGÈNE

Je reviendrai.

MARIE

Ah ! ouiche !

EUGÈNE, fat

Dis donc, tu sais ? j'aurais pu ne pas venir du tout, si j'avais voulu.

MARIE

Ah ! T'en trouves d'autres pour t'en donner !

EUGÈNE

Tiens, cette blague ! Des leçons pour rien ? Tu ne voudrais pas. Mais, l'amour, sauf que ça tue le temps, entre deux pipes, ce n'est pas si amusant que ça. Toujours la même rengaine !! — « Si tu savais comme je t'aime » — Est-ce que tu crois que t'es la première ? — Et puis on s'use à faire des éducations.

MARIE, riant

Ah ! cet éduqueur !

EUGÈNE

Bien sûr ! Qu'est-ce que vous deviendriez, sans nous ? Sans nous autres, il n'y en aurait pas une de bonne à quelque chose. Qui est-ce qui vous apprend votre état, le gros et le détail, avec la manière de s'en servir. École de dressage ! Quand vous sortez de nos pattes, vous vous vendez comme du pain. Donnez-moi une môme de rien du tout, je vous rends une princesse épatante ! Article de Paris, quoi ! Tenez Messieurs, cent mille francs au lieu de treize sous ! — Ce que j'en ai fabriqué de ces insectes articulés, c'est rien de le dire ! Ça brille, ça grouille, ça piaille, et quand ça passe ça, vous a l'air d'une femme ! — Toi, t'es finie ; t'as pas compris ; d'abord, t'es sentimentale ! le trottoir, c'est ton domicil légal. — Mais il y en a, descendues de mon garno dont messieurs les racornis se pourlèchent les babines... après moi ! — Allons ! oh ! vivement ! (tendant la main) Perdons pas de temps.

MARIE

J'en ai pas.

EUGÈNE

Oh ! Des emblèmes !

MARIE

Non, j'en ai pas.

EUGÈNE

Oh ! oh ! C'est pas à moi qu'il faut raconter ça, ma fille.

MARIE

Je t'assure...

EUGÈNE

D'abord, tu as toujours les cent sous du mercredi ; la roue de derrière du veuf inconsolable

MARIE

Je ne... l'ai pas vu aujourd'hui.

EUGÈNE

Hein...?

MARIE

Je ne...

EUGÈNE

Tu veux que je fasse rouler ma botte ?

MARIE

Pourquoi, l'argent ?

EUGÈNE

Ah !... Tu vois bien !

MARIE

Dis ? Pourquoi ?

EUGÈNE

Mais si je voulais, grande dinde, je te conterais n'importe quelle craque et tu serais bien forcée de me croire. N'essaye donc jamais de me la faire. Sois donc pas si innocente. On ne me roule pas, moi.

MARIE

Je veux savoir...

EUGÈNE

Oh ! je veux ! — La dignité d'un homme s'abaisse pas à rendre de comptes.

MARIE

De l'argent ! Est-ce que j'en fabrique !

EUGÈNE

Ta ra ta ta !

MARIE

Ce que je t'ai donné ce matin...?

EUGÈNE

Je ne l'ai pas fait encadrer, bien sûr.

MARIE

Tu as tout bouloté, déjà.

EUGÈNE

Eh! bien oui, là ! (Retournant ses poches) Maison de confiance ! Faut montrer ses doublures à Madame !

MARIE

A quoi que tu l'as dépensé ?

EUGÈNE

...Je l'ai perdu.

MARIE

Perdu...?

EUGÈNE

...Au jeu.

MARIE

Au jeu ?

EUGÈNE

Je me suis fait ratiboiser, oui.

MARIE

Toi perdre ? — Oh ! Faudrait que ce soye exprès, alors.

EUGÈNE

Assez causé. La braise ?

MARIE

Combien... que t'as besoin ?

EUGÈNE

Il me faut... dix balles.

MARIE

Dix... ? Tout à l'heure...

EUGÈNE

C'était cinq. Ça a augmenté, voilà tout.

MARIE

C'est que...

EUGÈNE

C'est que ?

MARIE

Je n'en ai pas dans ma poche.

EUGÈNE

Montes-en chercher, je t'attends.

MARIE

Viens.

EUGÈNE

Non, merci, je la connais. Pour que tu m'enfermes encore, comme l'autre soir.

MARIE

C'était pour t'avoir avec moi.

EUGÈNE

Je l'ai bien vu !

MARIE

Je ne t'enfermerai pas, je te le promets. Voyons, Eugène, sois un peu gentil, mon poulot.

EUGÈNE

Je ne suis que ça, gentil, tout le temps.

MARIE

Oui, elle est gentille, ta gentillesse. Quand je te vois cette figure-là...!

EUGÈNE

C'est une querelle qu'il te faut ?

MARIE

Mais non, t'es bête. Voyons, ne me regarde pas avec tes mauvais yeux et monte un instant. Il y a du feu, tu te réchaufferas ; il reste un peu de café. As-tu du tabac ? — Je te donnerai ce que tu demandes.

EUGÈNE

Ah ! Tu m'embêtes !

MARIE

Eh ! bien, non, alors, je ne te donnerai rien ! Je suis trop bonne ! Ce que vous devez vous moquer de moi..., tous les deux !

EUGÈNE

Qui ça, tous les deux ?

MARIE

Toi et... l'autre. Ta gueuse.

EUGÈNE

Nous allons nous taire, n'est-ce pas.

MARIE

Je me tairai quand je n'aurai plus rien à dire. C'est vrai ! Je suis là qui fais tout ce que je peux, et Monsieur...!

EUGÈNE

Monsieur, il fait ce qui lui plaît, monsieur.

MARIE

Que je t'aime comme il n'y en a pas, comme un chien, comme si tu étais... un enfant que j'aurais. Il ne peut pas y en avoir une autre qui t'aime comme ça ! Je suis si heureuse quand je t'ai là. Une fois, dans les commencements, nous sommes restés une semaine enfermés, tous les deux ; tu riais, tu disais des choses, tu étais aimable — quand tu veux, tu sais. — Je n'ai été heureuse que ces huit jours là. Pourquoi que tu ne veux plus, dis ? — Moi, je pense à toi tout le temps. Le mois dernier, quand tu as tiré cette bordée, je n'ai fait que pleurer. Je ne t'ai rien dit mais, va ! (Il rit) Oui, je sais, c'est bête, mais qu'est-ce que tu veux, on ne se refait pas ! — C'est... comme quand on a assez de quelqu'un, ce n'est pas exprès. — Tiens ! dans ce moment-ci, tu ne penses qu'à t'en aller pour lui courir après !

EUGÈNE

Allons, tu es folle !

MARIE

Avec ça !

EUGÈNE

Des blagues, des rocamboles. Tu ne vois donc pas qu'on t'a raconté ça pour te faire monter.

MARIE

Ecoute, ne me défie pas, parce que, vois-tu, je ne sais pas ce que je ferais !

EUGÈNE

De quoi ? Des menaces ?

MARIE

Je voudrais qu'elle pleure aussi, elle ; chacun son tour ! Je ne sais pas où elle perche, mais j'arriverai bien à la trouver, et ce jour-là...! Tiens, je lui crève les yeux !

EUGÈNE

Touches-y voir ! Je t'écrabouille !

MARIE

Ah ! Tu vois bien que c'est vrai ! Une rien du tout pareille !

EUGÈNE

Je te défends...!

MARIE

Comment donc, je vais en dire du bien, de cette voleuse ! (Sur un violent mouvement d'Eugène) Qui m'a volé mon homme (entre les dents) et qui n'a pas volé que ça.

EUGÈNE

Qu'est-ce que tu veux dire ?

MARIE

Ce que je dis... Et qui t'a fait voler ! Oui, toi, pour elle !

EUGÈNE

Ne répète pas ça deux fois !

MARIE

Elle voulait des boucles d'oreilles... Elle les a.

EUGÈNE

D'où le sais-tu ?

MARIE

Et pas de la camelotte, pas du toc, des diamants, des vrais.

EUGÈNE

D'où le sais-tu ?

MARIE

Je le sais, voilà tout.

EUGÈNE

Pour le savoir, faut que tu l'ayes entendu dire...?

MARIE

Y a des chances !

EUGÈNE

Et quand on sait une chose, on peut en savoir une autre. On peut savoir... le reste !

MARIE

Tu vois, pas déjà si mal faite, ma police.

EUGÈNE

Alors il ne te reste plus qu'à me dénoncer.

MARIE

Pour qui me prends-tu ? — Le dénoncer, imbécile ! Que je me ferais écharper pour lui, le malheureux !

EUGÈNE

En attendant, tu sais des choses, maintenant, et....!

MARIE

Voyons, mon chéri, depuis que nous sommes ensemble, tu ne me connais donc pas ?

EUGÈNE

On ne connaît... personne.

MARIE

Je suis toujours la même. Je n'ai pas changé, moi. — Eugène, je t'en prie, monte, ne t'en vas pas.

EUGÈNE

Allons donc ! C'était pour en venir là ! — Puisque je te dis qu'il faut.

MARIE

Tu ne tiens donc pas du tout à moi ? Ça ne te fait donc rien de me voir ou de ne pas me voir ? Ça t'est donc bien égal d'être près ou d'être loin ? Tu ne m'aimes donc pas... seulement un peu, malgré... Tu n'as donc pas d'amitié, pas d'attachement...

EUGÈNE

J'ai pas le temps.

MARIE

Ah ! Tiens...! Tu n'as rien !

EUGÈNE

Puisque je te dis qu'on m'attend.

MARIE

Sois donc franc ! Elle... t'attend !

EUGÈNE

Eh ! bien oui, là ! C'en est une nouvelle, que j'essaye et elle m'attend ! J'en ai assez, j'en ai plein le dos, tu m'ennuies avec tes lamentations — j'aime pas les boniments — et je vais la rejoindre. C'est ça que tu voulais savoir, t'es servie ! J'y pars, es-tu contente ?

MARIE

Ce n'est qu'une femme comme une autre, va !

EUGÈNE

Bien sûr, ce n'est qu'une femme comme une autre ; elles sont toutes pareilles ? — Seulement, celle-là...!

MARIE

Un beau morceau ! Elle doit être propre. Avec du son plein la figure.....

EUGÈNE

Oui, jabotte, jabotte toujours !

MARIE

Qu'est-ce qu'elle a donc dans la peau, celle-là ?

EUGÈNE

Elle a..., elle a..., qu'elle me va, à moi, parce que c'est une drôle de gosse !

MARIE

Ah ! Elle est jeune !

EUGÈNE

Ah ! Dam...!

MARIE

Eh ! bien, vas-y donc ! et restes-y ! Ce qu'elle te plantera là, ta jeunesse..., pour le premier venu... C'est une mauvaise femme. Tiens, sais-tu ce qui t'arrivera ? C'est elle qui te dénoncera. Ah ! elle sait, elle, c'est pour elle que tu as fait le coup. Et tu auras affaire au commissaire, à toute la police et à toute la justice, et tu tâteras de la prison, mon bonhomme ! Tu verras si c'est drôle ! — Alors, peut-être bien que tu repenseras à moi, mais moi, je serai morte, je serai dessous. Si tu me quittes, j'aurai plus besoin de vivre. Je sais bien ce que je ferai, va. Je suis pas traqueuse, et pour ce qui m'attend...!

EUGÈNE

Oh ! le grand jeu ! Tu m'attendris !

MARIE

La canaille ! Il se moque de moi !

EUGÈNE

Du tout, j'attends que Madame ait fini pour lui présenter mes très humbles.

MARIE

C'est comme ça ! Eh ! bien tu n'iras pas, ou tu n'iras pas seul, j'irai avec toi. — Tu ne peux pas m'empêcher de te suivre, la rue est à tout le monde. (Il s'éloigne, elle s'accroche à lui) Tu n'iras pas ! J'aimerais mieux te savoir n'importe où qu'avec elle, j'aimerais mieux...! — Je te dénoncerais, plutôt !

EUGÈNE

Ah ! cette fois...!

MARIE

Je t'aime trop, tant pis !

EUGÈNE

Ça te reprend, tu y tiens...

MARIE

Ah ! elle est jeune ! Et j'irais lui donner...! pour sa drôlesse ! — Faudrait que je sois trop lâche !

EUGÈNE

Il va t'arriver malheur ! Prends garde !

MARIE

Monte avec moi ou... ou j'y vas tout de suite, te dénoncer !

EUGÈNE, la saisit au poignet puis la lâche

Tu veux donc me forcer...! Çe sera toi...!

MARIE

Tu me fais mal ! Tu me fais mal ! — Je ne sais plus ce que je dis ! tu me rends folle !

EUGÈNE, cherchant son couteau

Oui, les femmes, c'est dangereux. Vient toujours un moment où elles mangent le morceau, où elles font n'importe quoi...

MARIE

Eugène...!

EUGÈNE

T'aurais voulu me tenir avec ça, pas vrai ? à me faire peur ! Toute la vie, alors ? Je ne sais pas-d'où tu sais la chose, mais tu la sais. Tant pis pour toi, fallait pas la savoir ! (Il la frappe dans le ventre).

MARIE, tombant

Ah ! (s'accrochant à Eugène) Eugène ! Eugène ! Je t'aimais tant ! (ayant regardé à gauche, le lâchant)

Sauve-toi ! Sauve-toi ! Voilà les sergots ! (Il se sauve à droite).

SCÈNE VIII

MARIE (agonisant)

Ah ! Je suis linguée. J'ai mon compte. C'est pas gentil. Il aurait pas dû ! — Si je pouvais me rentrer..., remonter... chez moi... Qu'on ne me trouve pas là.... Ça lui donnerait... du temps, à ce garçon. — J'aurai jamais la force.... j'étouffe... je.... (parvenue à se dresser et se trouvant à sa porte, heureuse) Ah ! Encore un peu... Dans ma maison... ! Pas la peine qu'on le pige.., puisque je suis finie ! — (Elle tombe lourdement dans le couloir dont la porte se referme) Ah !

SCÈNE IX

LES DEUX GARDIENS DE LA PAIX, de gauche.

1er AGENT

Il fait frisquet.

2e AGENT

Frisquet, oui, c'est le mot. (Arrivant à la porte juste à l'instant où Marie pousse son dernier râle, le 1er agent s'arrête une seconde, le haut du corps incliné vers la porte, prêtant l'oreille. Puis tous deux continuent leur ronde).

1er AGENT, au moment de sortir à droite).

Eh ! bien, malgré tout ça, mon Padovani vient de passer brigadier !

RIDEAU

Paris, 4-11 novembre 1887.

Annonay. — Imp. J. Royer.

L'Imprimeur
Royer

www.ingramcontent.com/pod-product-compliance
Ingram Content Group UK Ltd.
Pitfield, Milton Keynes, MK11 3LW, UK
UKHW021038260726
13994UKWH00005B/2227